AF399643

Emmis Hockeyäventyr & Träningstips

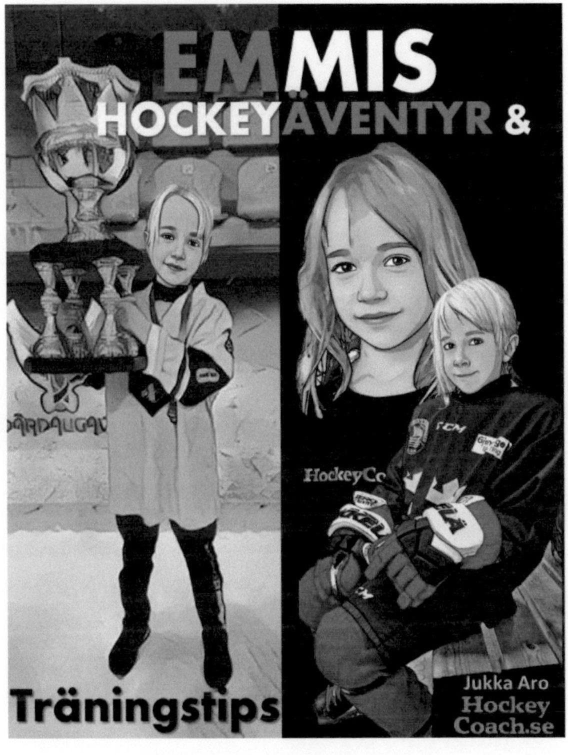

Förlag: BoD – Books on Demand,
Stockholm, Sverige
Tryck: BoD – Books on Demand,
Norderstedt, Tyskland
ISBN: 978-91-8027-923-9

Innehåll

**Parallellt med Emmis hockeyäventyr får du också träningstips på varje sida ibland i form av en bild eller ritning med förklaring och ibland med en QR-kod, som du kan skanna och se ett klipp på hur man kan träna på Instagram eller Tik Tok.*

Emmi - Hockeytjejen

HockeyCoach.se

Emmi är en 9 årig tjej som tycker om att leka med sina vänner, läsa en bra barnbok, teckna, måla, bygga med lego, spela olika typer av spel, som vilken 9-åring som helst, men hon älskar också hockey.

På alla sidor kommer du också att hitta Emmis träningstips under den streckade linjen, ibland i form av en bild eller ritning med förklaring och ibland med en QR-kod, som du kan skanna och se ett klipp på hur man kan träna på Instagram eller TikTok.

CCM
Gjendige

Som person är Emmi en glad, snäll, men samtidigt tuff och målmedveten tjej. Hon har ett stort intresse för ishockey och älskar att spela och träna. Hon vill alltid prestera sitt bästa och strävar alltid efter att bli bättre.

Emmis träningstips

Toe drag kallas det när du drar tillbaks pucken med bladet mot dig själv eller snett åt sidan

EMMI
Hockey
Coach.se

Emmi hade alltid varit en stor ishockeyfantast. Hon hade vuxit upp med att titta på sina storebröders matcher med sin familj och hade alltid drömt om att en dag bli en stor stjärna själv på isen.

Emmis träningstips

En av Emmis storebröder visar hur man tränar klubbteknik och jobbar med böjda ben, armarna ut från kroppen och blicken uppe!

EMM
CCM
KODA
CCM

När Emmi fick möjlighet att börja
spela hockey med sin lokala
hockeyförening blev hon så glad
att hon inte visste vad hon skulle
ta sig till.

Emmis träningstips

*Ett klipp på när Emmi tränar på översteg
i en cirkel, vilket är ett viktigt moment i
skridskotekniken.*

FILMRULLEN DELADES MAR 7, 2022
AV HOCKEYCOACHSE

Emmi var en passionerad ishockeyspelare trots sina 9 år och hon tränade nästan varje dag för att bli den bästa hon kunde vara.

Hon var målmedveten och följde alltid sin träningsplan, fast hon var bara 9 år.

Emmis träningstips

En övning för reaktionssnabbhet för att till exempel bli bättre målskytt framför mål

FILMRULLEN DELADES DEC 23, 2022
AV HOCKEYCOACHSE

Emmi tränade hockey hemma på sin egen isbana, på baksidan av huset. Hon skottade och spelade nästan varje dag under vintern (oftast fick hon hjälp av pappa att skotta).

Emmis träningstips

En övning för att finta bort en försvarare eller en målvakt.

FILMRULLEN DELADES DEC 10, 2022
AV HOCKEYCOACHSE

Under sommaren var det konstgjord is av plast som var underlaget, vilket Emmi tyckte var bra, för då slapp man skotta isen och kunde fokusera på att träna på skott och teknik.

Emmis träningstips

När man inte vill att vintersäsongen skall vara över...

INLÄGGET DELADES MAR 20, 2021
AV HOCKEYCOACHSE

På den lilla isytan kunde hon öva på att skjuta, träna på teknik med klubban och öva på snabba svängar. Hon hade även ett par koner och hinder som hon använde för att förbättra sin kontroll på pucken.

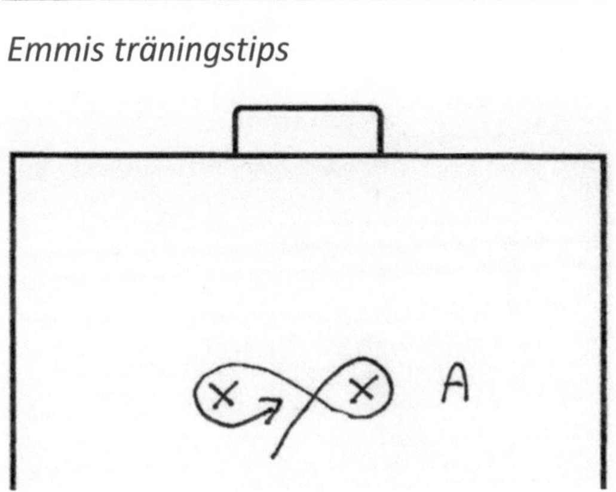

A: Dribbla i en 8:a i sidled runt, runt eller avsluta med skott.

Om hon inte tränade på isen hade hon en annan träningsplan som hon följde, då gjorde hon armhävningar, situps, hoppade hopprep och andra styrkeövningar för att bli starkare och snabbare.

Emmis träningstips

Andra sporter är också bra träning, padel, fotboll, innebandy, handboll etc.

FILMRULLEN DELADES NOV 3, 2022
AV HOCKEYCOACHSE

När Emmi inte tränade hemma, tränade hon med sitt hockeylag. De hade träningar två gånger i veckan i den lokala ishallen. Där tränade laget med att förbättra sina tekniska färdigheter och på att spela som ett lag, genom att öva på olika spelsituationer och strategier.

Emmis träningstips

Att skapa bra teamkänsla och ha bra kompisar är viktigt i alla sporter.

INLÄGGET DELADES AUG 14, 2022
AV HOCKEYCOACHSE

De visste att om de kunde spela
bra tillsammans, skulle de ha en
bra chans att vinna matcherna och
för att vara redo för den stora
cupen senare under säsongen.
Emmi älskade att träna med sina
lagkamrater och lära sig nya saker
av sin tränare.

Emmis träningstips

En övning för klubbteknik

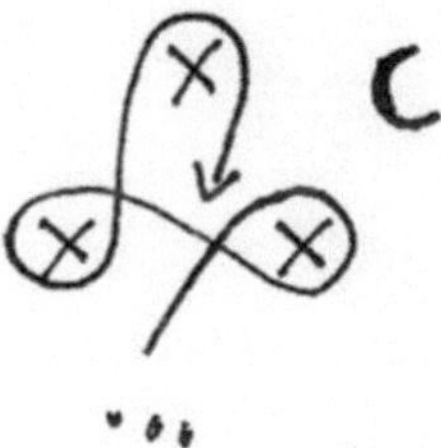

*C: Helvarv runt de närmaste konerna,
lång dragning runt konan längst fram.*

De Första Matcherna

CCM

När matcherna började, och anmälan skickades ut, var Emmi alltid den första att anmäla sig.

Hon älskade att spela matcher mot andra lag och se hur bra hon och hennes lagkamrater kunde bli.

Emmis träningstips

B: Toe-dragningar i olika vinklar.

Dra pucken bakåt med spetsen på bladet och skjut fram den med hela bladet, gör detta fram och tillbaka i olika vinklar.

Emmi och hockeylaget hade sin första match mot ett annat lag från grannstaden. Emmi var väldigt nervös innan, men hon visste att hon hade tränat hårt och var beredd att ge allt.

Datsyuk finten – dragning på backhand diagonalt bakåt och sedan framåt, överraskar vilken back eller målvakt som helst.

Matchstarten närmade sig och Emmi satt i spelarbåset, klädd i sin hockeyutrustning. Lite nervös, men hon visste att det skulle släppa när spelet väl kom igång.

Emmis träningstips

Här är några förslag på avslappningsövningar innan en hockeymatch:

Andning: Andas djupt in genom näsan och ut genom munnen, fokusera på din andning i några minuter.

Muskelavslappning: Spänn och slappna av i olika muskelgrupper i kroppen, t ex fötter, ben, mage, axlar och ansikte.

Matchstarten gick och Emmi kom ut på isen tillsammans med sina lagkamrater. Hon började spela och kände sig stark och självsäker. Hon sköt pucken mot mål och försökte ta returen, men målvakten räddade.

Emmis träningstips

Om du inte tittade på den här tidigare kan du göra det nu, en bra övning för att bli bra på att ta returer och reagera snabbt.

FILMRULLEN DELADES DEC 23, 2022
AV HOCKEYCOACHSE

Emmi och laget spelade bra tillsammans och de vann till slut med 3-1. Emmi var jätteglad och kände sig som en riktig vinnare.

Emmi visade sig snabbt vara en viktig spelare för laget och hon var en stor anledning till att de vann många matcher.

Emmis träningstips

En gammal stol är perfekt för att öva finter på och för att lägga tunnlar på.

Emmi var också med i alla efterföljande matcher. Hon älskade utmaningen att spela mot lag från andra områden och se hur bra hon och hennes lag var.

Vill du öva på att lägga pucken under motståndarens klubba?

Då kan du enkelt bygga ett hinder med en liten bit av skaftet från en trasig hockeyklubba, som du lutar upp från underlaget med några puckar eller träklossar.

Emmi var alltid den mest hängivna spelaren på isen. Hon gav aldrig upp och strävade alltid efter att bli den bästa hon kunde vara. Hon älskade ishockey och skulle aldrig kunna tänka sig att sluta spela.

Emmis träningstips

Utmana dig själv. Bestäm dig för en aktivitet och skriv in den, kryssa därefter i en ruta varje gång du har genomfört aktiviteten 100 gånger. Kryssa i tills du är uppe i 100 kryss eller med andra ord 100 dagar. Då har du tränat 10 000 gånger på t.ex. skott eller en fint.

Den stora Cupen

HOCKEY COACH.SE
Vi skall åka på en riktigt stor cup!

En dag fick Emmi och laget höra
att det skulle iväg på en stor
hockey cup för barn i deras ålder.
De blev så glada att de hoppade
och kramade varandra. De visste
att det skulle bli en riktigt
spännande turnering, med
matcher mot andra duktiga lag.

Emmis träningstips

*Den lokala hockeyskolan är en bra start
för att lära sig åka skridskor och hitta
nya kompisar.*

FILMRULLEN DELADES MAR 24, 2022
AV HOCKEYCOACHSE

HOCKEY
Träningar
För de
YNGRE
Jukka Aro

Emmis lag tränade hårt inför cupen. De övade på skott, passningar och spelade smålagsspel. De ville vara så bra som möjligt för att kunna hjälpa sitt lag att vinna.

Emmis träningstips

Hockeyböcker med träningar och träningstips för spelare och ledare.

Emmis lag var på väg till den stora cupturneringen som de hade tränat hårt för under hela säsongen. De hade aldrig varit på en sådan här turnering förut, så alla var väldigt nervösa och spända.

Hockeyböcker med träningar och träningstips för spelare och ledare.

Hockeycoach.se #Hockeybooks #Hockeye...

Video från @HockeyCoachSE

Skanna TikCode för att titta på den här videon

Emmi kunde inte sova den natten innan turneringen började. Hon låg och vände och vred på sig i sängen och tänkte på alla de hårda träningar hon hade gjort tillsammans med sitt lag. Hon var så ivrig att få spela sina första matcher och visa vad hon och hennes lag var kapabla till.

Skapa en bra sömnrutin: Hjälp barnet att förstå att sömn är viktigt och att det finns en rutin för när det är dags att sova.

Skapa en avslappnande miljö: Se till att barnets sovrum är mörkt, svalt och tyst, och att barnet har en bekväm säng och kudde att sova på.

Se till att barnet har fått tillräckligt med fysisk aktivitet under dagen: Regelbunden fysisk aktivitet kan hjälpa barnet att slappna av och sova bättre.

När de väl kom fram till turneringen, var Emmi den första som hoppade ur bilen. Hon kunde inte vänta med att komma ut på isen och börja spela.

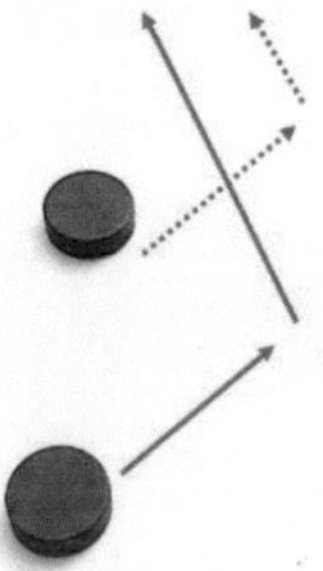

"Multitasking" – att göra många saker samtidigt, eller ha koll på många saker samtidigt, är jätteviktigt och en stor del av dagens hockey. En bra övning för detta är att hantera två eller tre puckar, peta den närmaste pucken åt sidan och sedan förbi nästa puck, upprepa samma rörelse med nästa puck, när ytan tar slut, gör du det baklänges.

Emmi var väldigt spänd innan
första matchen, men hon visste
att hon kunde det här. Hon hade
tränat hårt och var redo att ge allt
igen.

Emmis träningstips

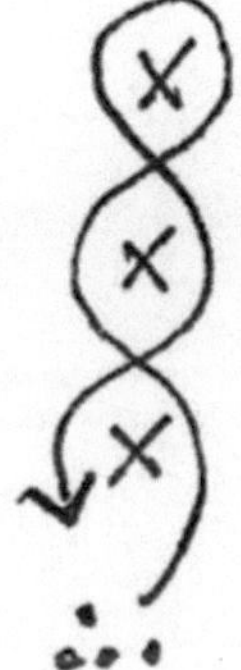

A: Slalom dribbling framåt och bakåt.

De första matcherna gick bra för
Emmis lag. Matcherna var hårda,
men Emmi och laget spelade
fantastiskt. De sköt många mål
och efter matcherna klappade alla
på dem och gratulerade till en bra
insats.

Emmis träningstips

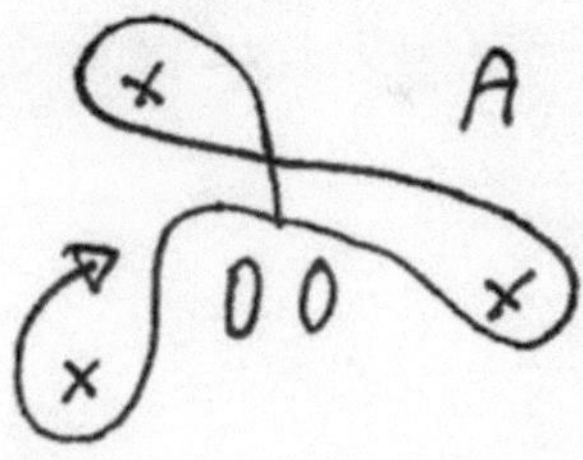

*A: Runt konan snett framför dig, runt
konan snett bakom dig till höger, pucken
nära fötterna och ner runt den vänstra
konan snett bakom dig*

Emmi kände sig stolt och lycklig.
Hon visste att hon hade gjort sitt
bästa och att det hade hjälpt
hennes lag att vinna.

____

Emmis träningstips

*A: Hoppa på ett ben och dribbla
samtidigt.*

Cupen fortsatte och Emmis lag spelade match efter match. De mötte andra duktiga lag, men de kämpade på och gav aldrig upp.

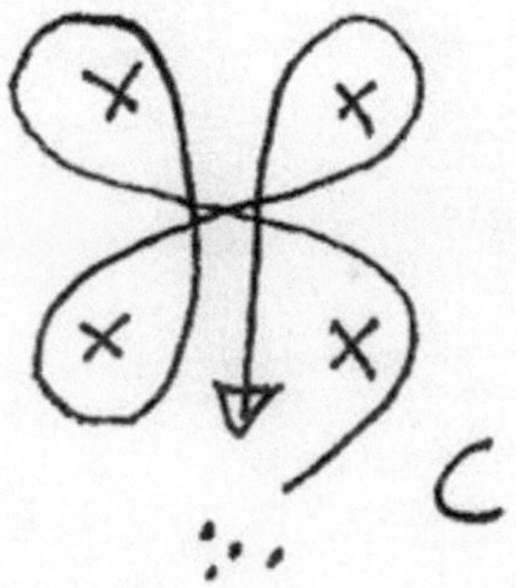

C: Dribbla runt i en fyrklöver.

PRIZMA
SPORTS CENTER
PRIZ
SHD
SHD
20

De vann sina matcher och kvalificerade sig för finalen. Emmi och hennes lagkamrater var så glada och stolta över sig själva. De hade aldrig varit i en final förut och nu hade de chansen att vinna turneringen.

Emmis träningstips

B: Dribbla en 8:a runt dina egna fötter.

FINALEN!

Finalen var en hård match. Emmis lag mötte ett starkt motståndandarlag och det var jämnt hela vägen.

Emmis träningstips

Eftersom vi är i finalen är träningstipset också svårt och kanske en variant som du aldrig testar på match?

När du kommer från sidan, vänta ut målvakten, så att han/hon måste röra sig i sidled innan du skjuter i hörnet målvakten rör sig från (den sidan som du kommer in från) eller mellan benen på målvakten.

Skottet bakom din kropp kräver mycket smidighet och rörlighet i axlar och armar.

Men Emmi var en fighter. Hon gav
aldrig upp och fortsatte att spela
sitt hårdaste spel och fick de andra
i laget att också att kämpa och tro
på sig själva.

*Öva på att plocka upp pucken från
underlaget. Vik över bladet, tryck och
dra bladet lite bakåt samtidigt som du
känner att pucken vinklar upp sig vrider
du på handlederna och plockar upp
pucken på bladet.*

*Kom ihåg det krävs mycket träning för
att lyckas, fortsätt, repetera, repetera.*

Till slut, med bara några minuter kvar av matchen, lyckades Emmi skjuta in det avgörande målet.

Publiken jublade och Emmis lagkamrater kastade sig över henne i glädje. De hade vunnit turneringen!

För att bli duktig och till exempel vinna cuper, krävs bra fysik. Jämfotahopp är en bra övning, för att bygga på spänst och snabbhet.

Emmi var så stolt över sig själv och hennes lag. De hade tränat hårt och det hade betalat sig. Hon visste att detta var bara början på hennes ishockeykarriär och hon var redo att fortsätta att kämpa och bli den bästa spelaren hon kunde vara.

Emmis träningstips

Hopp på isen bygger på fysiken och balansen och utvecklar dig som spelare.

FILMRULLEN DELADES DEC 9, 2022
AV HOCKEYCOACHSE

Emmi kunde inte sluta le när hon och hennes lagkamrater tog emot sina priser och medaljer efter finalen. Hon kände sig så stolt över sig själv och allt hårt arbete som hon hade lagt ner.

Emmis träningstips

När du tränar klubbteknik hemma kan du göra följande med fötterna:

- *Jogga på stället*
- *Förflytta dig i sidled*
- *Förflytta dig framåt och bakåt*
- *Stå på ett ben*
- *Hoppa på stället*
- *Hoppa på ett ben*
- *Ha ett knä i backen*
- *Jobba med tyngdpunkten, förflytta den från höger till vänster.*

På vägen hem pratade alla i laget om vad de hade lärt sig under turneringen och hur de skulle fortsätta att träna för att bli ännu bättre. Emmi visste att hon hade mycket att lära sig, men hon var redo att ge allt för att förbättra sina färdigheter.

Reflektion är viktigt för lärande eftersom det hjälper oss att förstå våra egna tankar och känslor och hur de påverkar vår uppfattning och vårt beteende. När vi reflekterar över våra erfarenheter och vad vi har lärt oss kan vi dra lärdomar för att förbättra vårt sätt att tänka och agera i framtiden. Reflektion kan också hjälpa oss att utveckla vår empati och förståelse för andra och deras perspektiv.

När de kom hem till Emmis hus, väntade hennes familj på dem med en stor fest. De hade bakat en tårta och köpt presenterna för att fira Emmis och lagets seger. Emmi kände sig som en stjärna och hon kunde inte sluta le.

Emmis träningstips – Fest

Här är några tips på hur du kan fira med en rolig fest:

Bjud in lagkamrater, vänner och familj för att fira tillsammans. Se till att du har tillräckligt med plats för alla gäster och ordna med sittplatser och bord för mat och dryck.

Ordna med tematiska dekorationer och pynt. Du kan t.ex. ha hockeypuckar, hockeyklubbor, hockeytröjor, klubbmärken och andra relaterade hockeyprylar som dekorationer.

Servera mat och dryck som passar temat. Du kan t.ex. ha "hockeyklubbor" (grillade kycklingvingar), hamburgare (puck med bröd), pommes frites och iskall läsk.

Se till att du har roliga aktiviteter och underhållning på festen, såsom hockey musik, spel och quiz. Du kan också visa matcher och highlights från cupvinsten på TV eller dator.

HockeyCoach.se

Efter festen gick Emmi och hennes lagkamrater till sin lokala ishall för att öva lite mer. Emmi visste att det fanns alltid mer att lära sig och hon var inte rädd att sätta in lite extra arbete för att bli den bästa hon kunde vara.

Emmis träningstips

...men ibland är det faktiskt bättre att vila om man har tränat och spelat riktigt mycket...

FILMRULLEN DELADES OKT 10, 2022
AV HOCKEYCOACHSE

När hon kom hem den kvällen var
Emmi trött men lycklig. Hon hade
haft den mest spännande och
minnesvärda dag som
ishockeyspelare någonsin. Hon
visste att detta var bara början på
hennes resa och hon var redo att
fortsätta att spela och vinna
många fler matcher och cuper.

Vi börjar
där andra
nöjer sig!
08-555 683 50
LA
BAUER

Ha kul och träna för din egen skull

Det är du som spelar och mycket av känslan, hur kul något är, kommer att handla om hur mycket du har tränat, ju mer du tränar desto bättre kommer du att bli och klarar av att genomföra saker bättre än andra, vilket gör att det blir kul, du lyckas!

Samma princip gäller för hockey, annan idrott eller skola!

Kom ihåg att i all träning behöver man vara långsiktig, du är ingen app eller en figur i ett spel, som kan uppgraderas med en "touch", det krävs mycket arbete under lång tid för att lyckas och nästintill varje dag om du vill bli "bäst". Allt du gör nu, har du med dig!

Gör träningen till en daglig god vana, som du gör på lång sikt.

Du kommer inte att bli bäst, för att du tränar idag och inte för att du tränar imorgon, men för att du orkar att hålla i träningen och ha det som en "daglig" god vana eller åtminstone en ofta återkommande god vana under veckorna, att träna själv (utöver lagträningarna). Du kommer garanterat att se resultat och känna att det du håller på med är roligt!

Ha Kul. Kör hårt, jag tror på dig! HockeyCoachse

Sociala Medier

Följ Emmi, Atte, Ville &
Hockeycoach.se på Instagram.

HOCKEYCOACHSE

Följ Emmi, Atte, Ville & Hockeycoach.se på Tik Tok.

Hockeycoach.se #Hockeybooks #Hockeye...

Video från @HockeyCoachSE

Skanna TikCode för att titta på den här videon

Följ Emmi, Atte, Ville &
Hockeycoach.se på Facebook

facebook

@HOCKEYCOACH.SE

Hockeyböcker

Träna Hockey Hemma

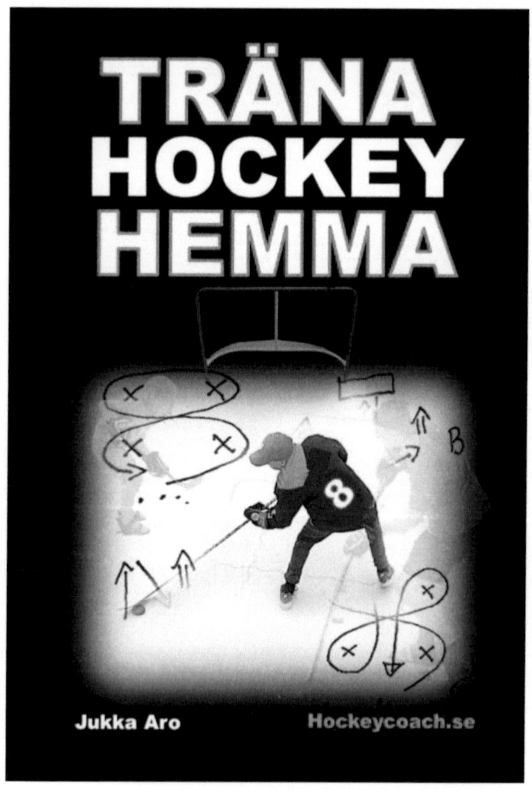

Finns i alla online bokaffärer

Hockeyövningar för Barn

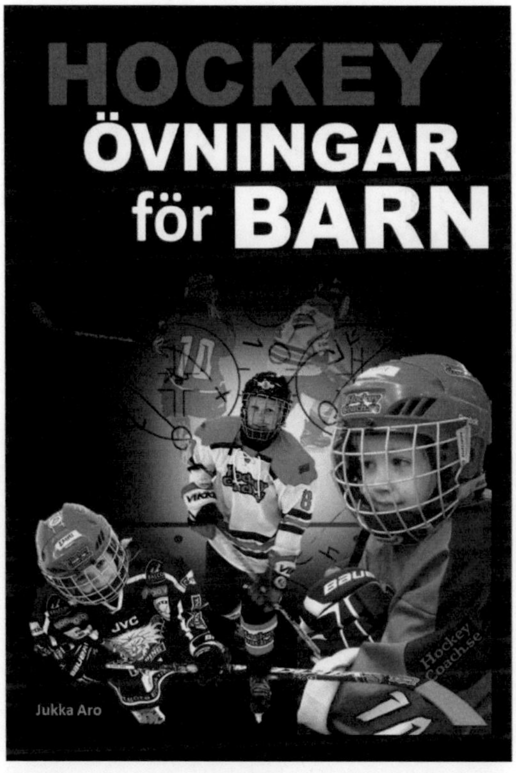

Finns i alla online bokaffärer

Färdiga Hockeyträningar
för de Yngre

Finns i alla online bokaffärer

Multidimensionell
Hockeyträning & Övningar

Finns i alla online bokaffärer

Moderna Hockeyövningar för Individuell Hockeyträning

Finns i alla online bokaffärer

HockeyCoach - Hockeyledarskap och Övningar

Finns i alla online bokaffärer

Träna Matchlikt i Hockey

Finns i alla online

bokaffärer

HOCKEYCOACH.SE